AF236799

Umweltbewusst leben

Wie Sie mit Zero Waste Ihren Alltag umweltfreundlich, verantwortungsvoll und nachhaltig bestreiten und gleichzeitig an Lebensqualität gewinnen

Merle Gutenberg

♻ INHALT

Das erwartet Sie in diesem Buch

Veränderungen erleichtern das Leben. Veränderungen erweitern den Horizont. Veränderungen sind eine Herausforderung, welche positive Hormone aktiviert und die Seele aufatmen lässt. Nichts ist so beständig wie die Veränderung. Sie haben sich fest vorgenommen, etwas in Ihrem Leben anders zu gestalten?

Sie wissen nicht so recht, was? Ich gebe Ihnen einen Tipp: Beginnen Sie mit dem Erhalt Ihres eigenen Lebensraumes, dem Ihrer Kinder und deren zukünftigen Nachkommen. Nichts ist effektiver und belebender, als sich mit der Vielfalt der Natur und deren

Erhaltung zu beschäftigen, und vor allem: aktiv zu werden. Es gibt sogar einen Begriff für dieses Vorhaben: Zero Waste.

Dieser Ratgeber soll Sie dabei unterstützen, Ihr Leben ein bisschen lebendiger, verantwortungsvoller und umweltfreundlicher zu gestalten. Hier finden Sie nicht nur vielerlei hilfreiche Informationen über den genauen Inhalt des Begriffs Zero Waste, sondern auch praktische Anleitungen, Tipps und Aufgaben. Hierbei werden wir uns an den wichtigsten Kategorien in Ihrem täglichen Leben orientieren.

Sie erfahren zu den Themen Wohnen, Haushalt, Lebensmittel, Strom und Verpackungen, wie es Ihnen möglich wird, auf eine umweltfreundliche Lebensweise umzusteigen. Ich habe mich besonders darauf fokussiert, den Druck heraus zu nehmen, in den viele strudeln, sobald sie sich vornehmen, unseren blauen Globus wieder ein bisschen lebenswerter zu machen. Freuen Sie sich auf die Aktionsaufgaben, die ich Ihnen eingebaut habe, und machen Sie sich bereit, einige ungewöhnliche Fragen zu beantworten.

In vielerlei Hinsicht ist dieser Ratgeber etwas ungewöhnlich – aber das soll so sein. Mein Ziel ist es, dass er unter den anderen, monotonen und Druck erhöhenden Leitfäden zum Umweltschutz heraussticht und dabei auch ehrlich und rational bleibt. Ich wünsche

Ihnen viel Freude beim Lesen und hoffe, dass Sie neue Kraft und Motivation aus dem Inhalt schöpfen können.

Ein paar Wörter vorweg

WAS IST ZERO WASTE?

Bevor ich mit dem Schreiben durchstarte – und Sie mit dem Lesen – ist es mir wichtig, zu klären, was der Begriff Zero Waste eigentlich genau bedeutet.

‚Zero Waste‘ kommt aus dem Englischen und bedeutet so viel wie ‚null Verschwendung‘. Einige Menschen bringen den Begriff ausschließlich mit Müllvermeidung in Verbindung, was aber, richtig gesehen, nicht korrekt ist. Denn Zero Waste bedeutet nicht nur, Müll zu reduzieren oder zu vermeiden, es steckt weit mehr dahinter und beginnt bereits damit, aus dem Konsumdruck auszusteigen. Rohstoffe, die angeschafft wurden, wollen nicht einfach weggeworfen werden, sondern repariert, wiederverwendet, verschenkt, verkauft oder wenigstens dem Müllverwertungskreislauf zugeführt werden. Zum Thema Wiederverwertung gibt es neuerdings den schönen Begriff Upcycling – übrigens tatsächlich das richtige Wort für Müllverwertung aus dem Englischen. Denn Recycling ist für einen Englischsprachigen ebenso fremd wie unser Handy. Und Upcycling ist bereits ein richtiger Trend geworden. Manch einer verdient damit sogar seinen Lebensunterhalt.

Fest steht also: Unser gesamter Globus, auf dem wir gedenken, noch lange zu leben – vor allem unsere Nachkommen –, möchte geschützt und pfleglich behandelt werden. Haben Sie schon einmal den Blick vom Weltall aus auf die Erde genossen? Sicher im Fernsehen und selbst von dort aus sieht das, was wir verkürzt ‚Erde' nennen, ziemlich atemberaubend aus, oder?

Wie schade wäre es, diesen wundervollen Planeten verkommen zu lassen? Doch was kann eine einzelne Person schon ausrichten, denken Sie. Nun, ich könnte jetzt schreiben, dass viele Einzelpersonen eine große Gruppe ergeben, die durchaus etwas bewirken kann. Aber das kennen Sie sicher bereits. Ich denke eher, es kommt auf Ihre Einstellung an. Ganz ehrlich – sich vorzunehmen, die Welt in ihrer unglaublichen Vielfalt zu retten, ist doch ein recht deprimierendes und zum Scheitern verurteiltes Vorhaben.

Deshalb ist es wichtig, sich auf das Wesentliche zu konzentrieren. Und das Wesentliche sind in diesem Falle Sie! Was denken Sie, wenn Sie eine Plastikverpackung aufreißen? Was fühlen Sie, wenn Sie bei 15 Grad bereits die Heizung aufdrehen? Haben Sie ein gutes Gewissen, während dem Zähneputzen das Wasser laufen zu lassen?

Es geht also in erster Linie um Ihre innere Einstellung. Denn nur mit dem nötigen Willen erlangen Sie auch die notwendige Überzeugungskraft. Und diese brauchen Sie nicht nur, um andere zu überzeugen! Ich kann aus eigener Erfahrung sagen, dass es der Schweinehund ist, der einem bei diesem Vorhaben die meiste Kraft kostet. Deshalb:

Fangen Sie klein an

WIE KOMME ICH AN INFOMATERIAL?

Das Erste, was ein echter ‚Zero-Wastler‘ macht: Er geht in den Buchladen.

Dort durchstöbert er hunderte von dicken Schmökern und in jedem steht etwas anderes. Was dabei herauskommt, können Sie sich sicher denken. Ein Haufen Bücher im Regal zuhause und eine Menge Frust in der Seele.

Denn der Schweinehund schreit, er schreit ganz laut: ‚Das soll ich alles lesen? Niemals! Und woher weiß ich überhaupt, was richtig davon ist und was falsch? Was davon ist nur Geldmache und was ehrlich gemeint?‘. Er wird Sie so dermaßen durcheinanderbringen, dass Sie erst gar nicht zum ersten Buch greifen, sondern es, entgegen seiner Aufgabe, im

Bücherregal dahinfristen wird. Doch halt: Den ersten Fehler haben Sie hier bereits begangen. Sie haben einen Haufen Papier gekauft, den Sie nicht benutzen. Was meinen Sie, wie viele Bäume für eine Seite eines Buches gestorben sind?

Ich bin einmal so frech und bleibe nicht bei den Bäumen selbst. Laut pro-regenwald.de benötigt man für einen handelsüblichen Pack Kopierpapier á 500 Blatt (2,3 kg) 130 Liter Wasser. (klar, die Bäume brauchen ja auch was zu Futtern) und 7,5 Kilogramm Holz. Dabei nicht zu ignorieren: die Herstellungskosten, welche 26,8 Kilowattstunden ausmachen. Da stellt sich doch automatisch die Frage, warum Firmen im Zero-Waste-Wandel plötzlich alle Umverpackungen aus Papier herstellen.

Hauptsache kein Plastik – oder wie? Und wenn Sie jetzt zu Ihrem Bücherregal wandern und sich all die Bücher ansehen, was haben Sie dann vor Augen? Kurzerhand entfernen Sie also die ganzen Zero-Waste-Bücher aus dem Bücherregal und lassen sie in die Mülltonne wandern. Als Sie zurückkommen, entschließen Sie sich, dies auch mit dem Rest der Bücher im Regal zu tun. Denn haben Sie jemals darin gelesen? Nein! Also, weg damit. Falls Bäume in den Himmel kommen, weinen sie jetzt. Bitterlich. Denn sie sind nicht nur für ein paar Buchstaben auf einem dünnen weißen Ding gestorben, sie sind auch noch umsonst gestorben! Mal abgesehen davon, dass Sie die Buchcover separat entsorgen sollten: Besser wäre es gewesen, die ganzen Bücher erst gar nicht einzukaufen.

Wie Sie sich dann Wissen über Zero Waste aneignen sollen? Nun, da gibt es mehrere Möglichkeiten. Die erste, die mir einfällt, ist die Bücherei. Dort kann man Bücher lesen, und zwar für einen einmaligen geringen Unkostenbeitrag das ganze Jahr über. Fahren Sie dann auch noch mit dem Fahrrad zur Bücherei, ist es perfekt, ansonsten mit dem Bus oder der Straßenbahn.

Sie wohnen auf dem Land? Sie haben nur ein Auto? Aber das verbraucht wieder Benzin, genauso wie der Bus und die Straßenbahn. Deprimiert sitzen Sie also auf Ihrem Sessel. Kann man es denn eigentlich überhaupt richtig machen? Die Antwort ist: Nein. So niederschmetternd das auch klingen mag, wer es sich verschrieben hat, mit Zero Waste zu beginnen, muss sich über eines im Klaren sein: Sie müssen immer und überall zu jeder Zeit Prioritäten setzen.

Eine weitere Möglichkeit zur Informationssuche wäre das Internet. Nun gibt es ja tatsächlich bereits Zero-Wastler, die gar keines mehr besitzen! Aber gehen wir einmal davon aus, Sie stehen noch am Anfang und haben auch genug Kohle zur Verfügung, um einen Internetvertrag zu bezahlen. Das WorldWide-Web ist unschlagbar in der Informationsherausgabe – wobei Sie natürlich auch nicht alles glauben sollten, was da so steht. Doch woher wissen Sie, was richtig ist?

Hier kommt es erneut auf Ihr Bauchgefühl an. Mit welcher Form der Informationssuche fühlen Sie sich momentan am wohlsten? Mit einer papierlosen? Haben Sie im Hinterkopf, dass sowohl Ihr WLAN-Router Strom verbraucht als auch das Endgerät, mit dem Sie surfen, nicht zu vergessen der Strom, der bei den gigantischen Servern verbraucht wird, von denen Sie Ihre Infos ziehen. Aber immerhin: Sie haben soeben kein Benzin verbraucht, die Umwelt nicht mit Abgasen verpestet und neue Bäume gepflanzt. Herzlichen Glückwunsch! Und das meine ich durchaus ernst, denn absolut umweltfreundlich zu leben ist in unserer heutigen Zeit eine nicht zu meisternde Herausforderung. Also, ich meine: Wer es tatsächlich schafft, 100 Prozent umweltfreundlich zu leben – Chapeau!

Und es gibt noch viele weitere Möglichkeiten, an Infos zu kommen. Achten Sie beispielsweise auf Artikel in den Tagesnews, auf Kursangebote von

Volkshochschulen, Informationsstände am Markt-platz oder Selbsthilfegruppen. Diese gehen auch per WhatsApp. Wer es interaktiv liebt, kann versuchen, im Play Store verschiedene, themenrelevante Be-griffe einzugeben, wie beispielsweise ‚Umwelt‘ oder gar ‚Zero Waste‘. Oft ergibt sich hier eine ausgiebige App-Auswahl, wobei die Apps nicht nur Informatio-nen preisgeben, sondern oft richtiggehende ‚Chal-lenges‘ beinhalten. Nicht zuletzt haben Sie selbstver-ständlich die klügste Entscheidung getroffen. Sie le-sen diesen Ratgeber.

Möchten Sie ganz auf weitere Ratschläge ver-zichten, können Sie sich gerne auch wieder Ihrem Bauchgefühl widmen. Wie gesagt, es ist Ihr wichtigs-tes Instrument, um ein perfekter Zero Wastler zu werden.

Prioritäten setzen

Als Erstes sollten Sie sich Ihre eigenen, ganz persönlichen Prioritäten setzen. Fragen Sie sich: ‚Was ist für mich machbar?' Also, nicht nur physisch, sondern auch psychisch! Denn wenn Sie gleich an Überforderung scheitern, hat niemand etwas davon, weder die Umwelt noch Sie oder Ihre Mitmenschen.

Zum Ersten ist es wichtig, den eigenen Lebensstil zu ergründen. Hierzu wiederum ist es von Vorteil, diesen in unterschiedliche Themen zu unterteilen.

Im Folgenden steht Ihnen eine Beispielliste zur Verfügung, übrigens meine eigene (bis auf die Kinder).

WOHNUNG

- Wasser: spülen; pflegen
- Wasser: Trinkwasser
- Wasser: Waschmaschine
- Strom: Geräte
- Strom: Solar
- Strom: Licht
- Strom vs. Batterien

ABFALL

- Plastik
- Lebensmittel
- Upcycling

PFLEGE

- Kleidung
- Beauty
- Gesundheit
- Sauberkeit in den Räumlichkeiten

HOBBY

- Haustiere
- Ihr Hobby

Dies ist die Liste, mit der wir in diesem Buch arbeiten. Selbstverständlich ist sie in jeder Hinsicht abänderbar. Sie soll Ihnen lediglich eine grobe Struktur bieten, unter der ich die Möglichkeiten aufzählen möchte, die Sie haben, um effektiv am Erhalt Ihres Lebensraumes mitzuwirken.

Das Wesentliche dieses Buches

Beginnen wir also mit dem wichtigsten Punkt in Ihrem Leben. Ihrem aktuellen, ganz persönlich auf Sie zugeschnittenem Lebensraum: Ihre Wohnung, oder, falls Sie die Ehre haben, Ihr Haus.

Auch hier ist es vor allem wichtig, dass Sie sich selbst schulen.

Werfen Sie einmal einen Blick auf unsere Liste. Und nun wählen Sie aus dem Bereich ‚Wohnung' einen Punkt aus. Nehmen Sie sich vor, diesen Punkt einen Tag lang intensiv zu beobachten. Beispielsweise haben Sie sich für den Punkt ‚spülen' entschieden. Jedes Mal also, wenn Sie am Spülbecken stehen und Teller, Tassen und Besteck wälzen, oder die Spülmaschine einräumen, beobachten Sie genau, was Sie tun, warum Sie es tun und was Sie bereit sind, eventuell daran zu verändern, um Ihr Ziel zu verfolgen.

Und schon sind wir mittendrin im Thema.

WOHNUNG

WASSER

Wasser: die Spülmaschine

Folgende Fragen könnten Ihnen durch den Kopf gehen:

Wie voll mache ich sie?

Wie viel Wasser verbraucht sie?

Wie viel Strom verbraucht sie?

Welches Reinigungsmittel verwende ich?

Wie ist dieses verpackt?

Und schlussendlich die letzte und zugegeben schwierigste Frage:

Könnte ich mich überwinden, die Spülmaschine abzuschaffen?

Der erste Trugschluss, den viele Menschen im Kopf haben, ist dieser: eine vollere Spülmaschine verbraucht mehr Strom, Wasser und Reinigungsmittel. Deshalb: nicht so voll machen. Dabei muss das nicht zwingend stimmen. Eine nur halb voll eingeräumte Spülmaschine verbraucht genauso viel Wasser und Strom wie eine volle. Hiermit haben wir einen der kleinen, versteckten Fehlerchen von vermeintlichem Umweltschutz aufgedeckt. Denn eine halb voll eingeräumte Spülmaschine läuft zur Hälfte umsonst! Und was das Reinigungsmittel angeht: Haben Sie schon einmal versucht, weniger davon zu benutzen und geprüft, ob das Geschirr daraufhin tatsächlich schmutziger bleibt? Sie werden erstaunt sein, probieren Sie es aus!

Es ist also besser, die Spülmaschine vollzumachen. Zudem besitzen neuere Modelle oft ein Eco-Programm.

Eine wichtige Frage ist auch, ob Sie sich eine, im Allgemeinen energieeffizientere Spülmaschine anschaffen. Denn die Krux ist: Alte Spülmaschinen fressen mehr Strom und verbrauchen das Wasser oft uneffektiv. Auf der anderen Seite kostet die Entsorgung einer alten Spülmaschine Energie, Aufwand (Spülmaschine zur Entsorgung bringen; Recyclingaufwand in der Entsorgungsstelle) und Geld. Hier stellt sich erneut die berühmte Frage, welche Ihnen wohl noch öfter begegnen wird: Kann man es denn

eigentlich noch richtig machen? Die Antwort kann ich Ihnen leider nicht abnehmen. Sie müssen selbst entscheiden, ob Sie mehr Strom und Wasser mit der Spülmaschine verbrauchen möchten und stattdessen durch das Aufschieben der Entsorgung die Umwelt schonen oder ob Sie sich entscheiden, die Umwelt durch eine energieeffizientere Spülmaschine zu schützen, die Erde kurzzeitig mit dieser Aktion aber belasten. Hier heißt es, wie zu Anfang schon erwähnt: Prioritäten setzen.

Eine Abschaffung der Spülmaschine bringt den Vorteil mit sich, dass ein mit Chemie vollgestopftes und womöglich noch in Plastik verpacktes Reinigungsmittel wegfällt. Nun kommt es wieder darauf an, zu welchem Akt Sie innerlich bereit sind. Denn wir wollen ja nicht, dass Sie vor lauter Handspülakten keine Zeit mehr haben, in anderen, vielleicht machbareren Punkten Zero Waste umzusetzen!

Wasser: von Hand spülen

Das Deprimierende an der Geschichte ist, dass auch das Handspülen nicht zwingend umweltfreundlicher ist. Es fängt mit dem Spülmittel an und hört beim Wasserverbrauch auf. Und hier geht es nicht nur um die Wassermenge an sich, sondern auch darum, ob und wie warm man den, im Idealfall durchsichtigen, Schatz aus der Leitung fließen lässt – und ob eine Abstufung zwischen warm und heiß überhaupt die Umwelt schont. Denn haben Sie eine Gastherme bei sich zuhause stehen, sollten Sie wissen, dass diese nicht nur jedes Mal voll anspringt, egal, ob Sie nun warmes oder heißes Wasser fließen lassen. Je nach Alter und Ausführung der Therme springt diese tagsüber auch dann an, wenn Sie den Wasserhahn gar nicht betätigt haben. Das liegt daran, dass sich alte Thermen selbstständig warm halten, um einen konstanten Warmwasserfluss zu gewährleisten.

Sollten Sie zu den Menschen gehören, welche die Ehre haben, handmade abzuspülen, ist für das Erste Öko-Spülmittel empfehlenswert.

Action

> Mischen Sie in einer alten Spülmittelflasche circa 100 Milliliter Spülmittel mit 50 Milliliter Essigessenz und füllen Sie den Rest mit Wasser auf. Fertig ist Ihr Öko-Spüli.

Diese Methode hat sich besonders bei sehr kalkhaltigem Wasser bewährt, denn die Kalkflecken auf dem getrockneten Geschirr minimieren sich hierdurch stark.

Nun kommt es natürlich darauf an, wie Sie spülen. Die gängigste Methode ist wohl, das Spülbecken

mit Wasser und einem kleinen (!) Tropfen Spülmittel aufzufüllen – sparsamerweise nur, bis das im Spülbecken enthaltene Geschirr bis zum Rand verschwunden ist. Aber auch hier gilt es, abzuwägen. Manche Spülbecken sind recht groß. Es ist einen Test wert, morgens den Stöpsel rein zu machen und das tagsüber verbrauchte Wasser so zu sammeln.

Ist am Abend das Spülbecken nur halb oder dreiviertel voll, kann es günstiger sein, das Geschirr einzeln auszuwaschen. Einfach einmal ausprobieren. Noch ein kleiner Hinweis am Rande: Mir ist klar, dass nur Einzelpersonenhaushalte ein halb- oder dreiviertel gefülltes Spülbecken schaffen. Also keine Sorge.

Wasser: Körperpflege

Wer kennt es nicht oder hat es nicht dutzende Male im Spielfilm gesehen: die Zähne werden geputzt und das Wasser läuft dabei. Ihr Zahnarzt predigt: Mindestens drei Minuten lang die Zähne putzen. Wussten Sie, wie viel Liter Wasser in 10 Sekunden aus dem Wasserhahn sausen?

Es sind bis zu drei Liter! Eine kleine Denksportaufgabe: Rechnen Sie dies nun bitte auf drei Minuten hoch. Und? Was sagt das Gewissen? Einmal ganz davon abgesehen, dass man weder zum Spülen noch zum Waschen und Zähneputzen warmes Wasser benötigt. Für die Wärmeliebenden unter uns: Wasser im Wasserkocher aufkochen, mit etwas kaltem Wasser mischen und dieses verwenden. Denn haben Sie es gewusst? Das Aufkochen des Wassers im Wasserkocher ist energieeffizienter als das Anspringen der Gastherme oder das Wasserkochen auf dem Herd.

Nun, ab und an möchte man sich doch den ganzen Körper waschen. Ich kenne einige Menschen, die dies jeden Tag tun. Sollten Sie auch zu diesen Menschen gehören, würde sich hier ein Punkt ergeben, über den Sie einmal nachdenken könnten. Tagtäglich zu duschen tut der Haut gar nicht gut. Es macht sie trocken und spröde. Die Folge ist, dass sie schneller alt aussehen. Wollen Sie das? Versuchen Sie einmal, wenigstens nur jeden zweiten Tag zu duschen. Sie werden sehen, dann können Sie sich auch bald die Körperlotion im Anschluss sparen, denn diese verursacht zusätzlichen Müll, der nicht sein muss.

Möchten Sie Ihr Werk an der Umwelt perfekt abrunden, tauschen Sie die Aufsätze Ihrer Wasser- und Duschhähne durch wassersparende Exemplare aus.

Diverse Experimente und Challenges, über Wochen Ihre Haare nicht zu waschen, können Sie gerne ausprobieren, wenn Sie das Risiko lieben. An dieser Stelle noch ein kleiner Hinweis: Wie Sie Müll im Bad

einsparen können, erfahren Sie unter dem Punkt ‚Beauty‘.

Wasser: Trinkwasser

Die Werbung des ewigen Wasserschleppens von noch dazu umweltverschmutzenden Plastikflaschen spricht Bände. Ein Sodastream spart in der Tat nicht nur Kraft, sondern schont auch unsere Erde. Den Sirup dazu können Sie leicht auch in Glasflaschen kaufen. Zudem gibt es vom Gerät selbst No-Name-Produkte, welche genau dieselbe Leistung erbringen wie das Original. Mittlerweile gibt es den Sodastream sogar mit Glasflaschen. Diese schimmeln auch nicht so leicht, wie es die Plastikflaschen des Herstellers an sich haben. Einziger Nachteil eines Sodastream ist die Gaskartusche. Natürlich, hier müssen Sie wieder einmal abwägen, was sich für Sie am ehesten vereinbaren lässt: unzählige Plastikflaschen oder die nicht so umweltfreundliche Entsorgung von den Gaskartuschen. Immerhin: Der Sodastream verbraucht keinen Strom.

Wasser: Waschmaschine

Okay, ich gebe es ja zu, Spülmittel selbst zusammen zu mixen hat nichts mit Wasser an sich zu tun. Damit das Ganze aber nicht zu unübersichtlich wird, ist es von Vorteil, manche Dinge in ein Thema mit hineinzupacken, die für ein extra Thema zu klein wären. So verhält es sich auch mit dem Waschmittel und allgemein mit der Waschmaschine, denn sie ist, streng genommen, eigentlich ein Gerät. Doch zuerst zu der Maschine, die nicht nur Waschmittel frisst, sondern auch eine Menge Wasser.

Schreit Ihre Wäsche auch immer nach Weichspüler? Plädiert sie auf Weichheit und einen angenehmen Duft? Geben Sie nicht nach! Ein Weichspüler steckt nicht nur in viel Plastik, er enthält auch Unmengen an Chemie – Chemie, die über die Waschmaschine im Abwasser landet und mühselig wieder aufbereitet werden muss.

Deshalb ist aber nicht fortan das „Sich-Abschaben" mit harten Handtüchern oder muffige Wäsche angesagt. Wir wollen ja nicht, dass Sie wegen mir noch Ihren Arbeitsplatz verlieren. Ein wenig Haushaltsessig im Weichspülerfach – Achtung: keine Essigessenz! – und Ihre Wäsche wird wieder kuschelweich. Für den notwendigen Duft sorgen naturreine Öle aus dem Glasfläschchen. Ein bis drei Tropfen Ihres Lieblingsduftes genügen vollkommen. Das riecht nicht nur fein, sondern ist obendrein super ergiebig.

Die Sache mit dem Waschmittel ist etwas komplizierter. Hier gibt es sehr unterschiedliche Varianten, von denen ich ehrlich gesagt noch keine

ausprobiert habe. Informieren Sie sich im Internet am besten selbst, für welche Methode Sie bereit sind. Aber in dem schönen Unverpacktladen monomeer (oder unter monomeer.de) gibt es tolle Reisewaschseife. Diese rasple ich klein und gieße mit heißem Wasser und etwas Haushaltsessig gegen den Kalk auf – ein super Waschmittel, das im Handumdrehen selbst hergestellt ist.

Bevor ich zu den Waschgängen komme: Sagt Ihnen der Begriff Mikroplastik etwas? Nun machen Sie sich einmal bewusst, dass das, was Sie an Ihrem Körper tragen, Ihre Kleidung nämlich, aus Plastik besteht! Polyester ist das Gängigste, aber auch Nylon oder Polyacryl sind Plastik! Hinter Kleidungsstücken wie atmungsaktiver Unterwäsche, Fleece-Pullover oder Synthetik-Jacken versteckt sich Plastik. Na, wie fühlt sich das an? Nun, es mag tatsächlich Menschen geben, die diese Tatsache locker wegstecken.

Der Plastikteufelskreislauf geht aber noch viel weiter. Stecken Sie Ihre Plastikkleidung nämlich in die Waschmaschine, lösen sich winzige Plastikteilchen daraus und werden mit dem Wasser in das Grundwasser gespült, anschließend in die Flüsse und Meere. Nicht nur, dass dies gesundheitsschädlich für Plankton fressende Tiere ist, die aufgenommenen Plastikteilchen landen im Magen des Tieres.

Und was essen wir zum Beispiel gerne? Richtig, Fisch. Und was essen wir mit dem Fisch nun mit? Richtig, Plastik. So landen die Plastikteilchen schließlich auf unserem Teller und schädigen auch unsere Gesundheit.

Die Lösung ist ein speziell angefertigter Wäschesack, der sehr feinporig ist. Er wird mit der Plastikwäsche gefüllt und mit einem Reißverschluss verschlossen. So wäscht man Plastikwäsche! Nach Beendigung des Waschvorganges entnehmen Sie den Wäschesack und in seiner oberen Schlaufe haben sich die vielen kleinen Plastikteilchen gesammelt, die Sie nun fachmännisch entsorgen können. Wieder ein paar Fische gerettet – und Menschen.

Auf Alternativen zu Plastikkleidung gehe ich im Kapitel ‚Kleidung' ein.

Leider ist es so, dass eine Waschmaschine nicht nur Wasser braucht, sondern auch Strom. Schließlich macht sie das Wasser auch warm und ihre Trommel muss sich ja drehen. Nun dürfen Sie wieder einmal mit Ihren Gedanken spielen und sind gezwungen, etwas mit sich selbst auszumachen. Ist es notwendig, die Wäsche auf 60 Grad zu waschen?

Die Empfehlung lautet: Nein. Wäsche wird auch bei 40 Grad gut sauber. Wobei ich dies, ganz ehrlich, jemandem, der sich für die guten alten Stoffwindeln

für sein Kind entschieden hat, nicht raten würde. Magen-/ Darmerkrankungen, Pilze und anderes bilden hier für mich ebenfalls eine Ausnahme. In diesem Fall kann man sein schlechtes Gewissen immer noch mit dem Eco-Programm der Waschmaschine befriedigen, sofern die Waschmaschine eines besitzt. Oder Sie waschen bei 40 Grad, fügen aber ein Desinfektionsmittel für die Waschmaschine hinzu.

STROM

Strom: Geräte

Am wichtigsten überhaupt ist es natürlich, die Geräte in Ihrem Heim unter die Lupe zu nehmen. Hier eine Auflistung Ihrer möglichen Stromfresser mit den jeweiligen Fragen, die Ihnen dabei helfen, herauszufinden, auf welche Art und Weise Sie bereit wären, Energie zu minimieren.

Vorweg jedoch ein kleiner Tipp am Rande: Ziehen Sie grundsätzlich die Stecker von Geräten, solange Sie sie nicht benutzen, also auch tagsüber. Im Jahr können Sie hierdurch bis zu 114 Euro einsparen, so dena (Deutsche Energie-Agentur). Eine Alternative wäre, sich vorzunehmen, wenigstens vor dem Zubettgehen sämtliche Geräte vom Strom zu nehmen, die über Nacht nicht benötigt werden. Also

Achtung: nicht den Kühlschrank vom Netz trennen! Eine definitive Erleichterung für dieses Vorhaben bieten Ihnen Mehrfachsteckdosen mit Schalter. Bestücken Sie sie mit allen Geräten, die nicht dauerhaft laufen müssen, und betätigen Sie lediglich ein Knöpfchen, um alle vom Stromkreis zu trennen.

Hier also Ihre möglichen Fragen:

<u>Fernseher</u>
Habe ich den Fernseher tagsüber auf Standby?

Die Standby-Funktion eines Fernsehers frisst bis zu 24 kWh Energie am Tag.

Wie lange läuft mein Fernseher tagsüber? Bin ich bereit, diese Zeit zu minimieren?

Schaue ich überhaupt hin, wenn der Fernseher läuft?

Bitte beachten Sie auch zusätzliche Stromfresser, die ebenfalls eine Standby-Funktion haben könnten: Videorekorder, DVD-Rekorder, Receiver...

<u>Radio/Stereoanlage</u>
Habe ich die Stereoanlage tagsüber auf Standby?

Habe ich das Radio tatsächlich abgeschaltet oder nur die Lautstärke auf stumm gedreht?

Radiowecker: Brauche ich wirklich einen

Radiowecker? Und noch ein kleiner Zusatz: Haben Sie separate Lautsprecher, denken Sie daran, auch diese auszuschalten, wenn sie nicht in Benutzung sind.

Wasserkocher

Ist der Wasserkocher entkalkt?

Ein entkalkter Wasserkocher verbraucht weit weniger Strom, da er sich nicht so anstrengen muss, um das Wasser heiß zu bekommen.

Koche ich nur so viel Wasser auf, wie ich wirklich benötige?

Schütte ich überschüssiges Wasser einfach weg?

Nehme ich den Wasserkocher vom Netz, bevor er seine Kochaktion beendet?

Manche Wasserkocher geben Ihnen die Information, noch nicht fertig zu sein, obwohl das Wasser bereits blubbert. Bei diesen können Sie getrost den Stecker ziehen, solange das Lämpchen noch leuchtet. Auch das spart Strom.

In Gegenden mit sehr kalkhaltigem Wasser empfehle ich tatsächlich einen Wasserfilter. Er filtert den Kalk und Ihre Geräte verkalken nicht so schnell. Das erhält nicht nur zusätzlich die Langlebigkeit Ihrer Geräte, es spart auch ein ständiges Aufkochen mit Essigessenz, wodurch ebenfalls eine große

Menge an Strom und Wasser verschwendet wird.

Herd

Heize ich den Herd vor? Das Vorheizen des Herdes ist nicht zwingend erforderlich und bewirkt einen unnötigen Energieverbrauch. Stattdessen können Sie sich die Nachwärme zunutze machen.

Welches Programm verwende ich? Hier sei kurz und schmerzlos gesagt, dass das Umluftprogramm tatsächlich das energiesparendste sein soll.

Koche ich Nudelwasser auf der Herdplatte? Wie bereits erwähnt, ist das Aufkochen von Wasser im Wasserkocher energieeffizienter, als dies auf dem Herd zu tun. Geben Sie das im Wasserkocher aufgekochte Wasser in den Topf auf dem Herd, wenn Sie über einen längeren Zeitraum kochendes Wasser benötigen (zum Beispiel beim Nudeln kochen).

Passt mein Topf genau auf die Herdplatte? Es wäre doch schade, wenn über einen Rand zwischen Topf und Herdplatte unnötig Energie verloren ginge.

Gebe ich einen Deckel auf den Topf? Der Deckel auf dem Topf spart nicht nur Energie, er bewirkt zudem, dass der Inhalt des Topfes schneller heiß wird, was ebenfalls Strom spart.

Nutze ich Nachwärme? Im Gegensatz zum Vorheizen des Herdes können Sie dessen Nachwärme

nutzen. Hier müssen Sie allerdings etwas experimentieren, wie schnell Ihr Herd abkühlt. Dasselbe gilt für die Herdplatte. Auch hier kann man super mit Nachwärme kochen, beispielsweise Milchreis. Oder man verzichtet auf eine elektrische Wärmeplatte am Tisch und lässt den Topf einfach auf dem Herd stehen.

Kühlschrank

Was den Kühlschrank angeht, habe ich so meine eigenen, ganz individuellen Erfahrungen gemacht. Denn er hat sich, trotz neues, energiesparendes Modell, als Hauptenergiefresser in meiner Wohnung entpuppt. Zugegeben, es handelt sich um eine Kühl-Gefrierkombi. Trotzdem entsprechen die Verbrauchswerte nicht den auf dem Label angegebenen.

Nun wurde der Kühlschrank vom Vermieter eingebaut, welcher sich weigert, der Sache auf den Grund zu gehen. Was mir blieb, war, den Kühlschrank komplett abzustellen und durch einen Bürokühlschrank zu ersetzen. Dieser verbraucht weit weniger Strom und ist für eine Person völlig ausreichend. Auf ein Gefrierfach habe ich hier weniger schweren Herzens verzichtet.

Die Frage, die Sie sich also stellen sollten, ist: Wie energieeffizient ist mein Kühlschrank?

Selbstverständlich haben Sie auch hier wieder, wie sollte es auch anders sein, die Qual der Wahl. Ein Kühlschrank älteren Modells verbraucht vielleicht mehr Strom. Aber wie bereits an anderer Stelle erwähnt: Aufwand und Kosten der Entsorgung sind ebenso umweltschädlich. Auch hier müssen Sie wieder Prioritäten setzen und sich fragen:

Was will ich? Strom sparen oder Entsorgungsverschmutzung? Je nachdem, wie Ihre Antwort ausfällt, tun Sie das, was Ihr Gewissen befriedigt.

Lasse ich den Kühlschrank oft unnütz offen?

Zum Beispiel beim Einräumen nach dem Einkauf, dem Reinigen oder dem täglichen Begutachten des Inhaltes minus Entscheidungsfähigkeit, was Sie nun essen möchten.

Wie voll ist mein Kühlschrank? Hier gilt die Regel der Spülmaschine. Ein fast leerer Kühlschrank verbraucht mehr Energie als ein vollgestopfter. Klar, zahlenmäßig nicht. Denn je mehr Inhalt der Kühlschrank hat, desto mehr muss er sich anstrengen. Betrachten Sie aber im Gegenzug die leeren Stellen im Kühlschrank, die sozusagen den Strom ‚leer' laufen lassen, kommen Sie mit einem halb leeren Kühlschrank möglicherweise teurer weg.

Hat sich Eis in meinem Kühlschrank gebildet? Wenn ja, sollten Sie ihn unbedingt abtauen. Denn das

Eis bildet Volumen, das dem Kühlschrank Kraft kostet.

Welche Temperatur hat mein Kühlschrank? Je niedriger die Temperatur im Kühlschrank ist, desto mehr Strom verbraucht er. Alte Kühlschränke haben auch noch die Aufteilung, dass es oben wärmer ist als ganz unten im Gemüsefach. Gehen wir einmal davon aus, Sie besitzen ein neueres Modell, reichen 10 Grad vollkommen aus. Bei einem älteren Modell – lesen der Bedienungsanleitung hilft oft – sollten Sie folgende Aufteilung beachten:

Kühlfächer		
oberes Fach	relativ warm (7-10 Grad)	Fertiggerichte und Käse
mittleres Fach	mittelwarm (5-7 Grad)	Milchprodukte und Feinkost
unteres Fach (über dem Gemüsefach)	am kältesten (2-4 Grad)	Fleisch, Fisch, Wurst
Gemüsefach	wieder wärmer (8-10 Grad)	Obst und Gemüse
Kühlschranktür		
oberstes Fach		Butter, Eier
mittleres Fach		Mayo, Ketchup, Senf
unteres Fach		Milch, Saft

Quelle: zukunftleben.de

Brauche ich überhaupt einen Kühlschrank? Ohne Witz, in meiner zweiten Wohnung habe ich drei Monate lang komplett ohne Kühlschrank gelebt und es hat keine bleibenden Schäden hinterlassen.

Wir sind einfach eine verwöhnte Zivilisation und haben das Wissen um die Verarbeitung und Lagerung von Lebensmitteln weitestgehend verloren. Dabei spreche ich nicht nur vom Einlegen, Ein–

kochen oder Trocknen von Lebensmitteln. Fragen Sie einmal eine Großmama oder Urgroßoma, die wird Ihnen sicher erklären können, dass man beispielsweise Joghurt gut einen Tag außerhalb des Kühlschrankes lagern kann, ohne dass sich Salmonellen bilden, solange man ihn natürlich nicht in die pralle Sonne stellt (also die Umgebungstemperatur sollte 20 Grad nicht überschreiten).

Sie könnten sich einmal durch den Kopf gehen lassen, ob Sie bereit wären, Salami in einem Stück zu kaufen und in der Küche aufzuhängen (spart zudem auch Müll!); auf den Käse zurückzugreifen, der sich außerhalb des Kühlschrankes hält oder sich einmal zu überlegen, ob das Obst und das Gemüse, mit dem Sie Ihren Kühlschrank tagtäglich bestücken, wirklich gerne im Kühlschrank liegen!

Hier eine kleine Auflistung der häufigsten Lagerfehler von Obst und Gemüse:

Obst/Gemüse	falsch	richtig
Blaubeeren	Kühlschrank	außerhalb des Kühlschrankes, ohne Plastikverpackung
Bananen	Kühlschrank	außerhalb des

		Kühlschrankes, haltbarer zu machen, indem man etwas um ihren Stiel herumwickelt
Karotten	Kühlschrank	außerhalb des Kühlschrankes in einer Kiste mit Sand
Kartoffeln	Kühlschrank	außerhalb des Kühlschrankes, am besten im Schrank, also dunkel
Gurken	Kühlschrank	außerhalb des Kühlschrankes, ohne Plastikverpackung
Salat		Salat kann auch außerhalb des Kühlschrankes einige Tage gelagert werden, wenn man ihn, wie Blumen, in Wasser stellt

Paprika		Kühlschrank
Tomaten	Kühlschrank	außerhalb des Kühlschrankes, ohne Plastikverpackung, idealerweise in einer Schüssel mit Deckel
Kaki		wird in der Kälte des Kühlschrankes erst schön süß
Mango	Kühlschrank	außerhalb des Kühlschrankes
Avocado	Kühlschrank	wird im Kühlschrank schlecht, dunkel lagern

Ich gehe bei dieser Liste davon aus, dass nicht gerade Hochsommer ist, denn da kann es notwendig werden, so gut wie alles in den Kühlschrank zu stecken, wenn Sie sich keine Fliegenplage ins Haus holen wollen – außer natürlich, Sie haben die Ehre, einen Keller zu besitzen.

Eine Alternative für Kühlschrank und Keller wäre, die Lebensmittel über Nacht nach draußen zu

stellen, sofern es in der Nacht deutlich auf mindestens 15 Grad abkühlt. Zudem können Sie sich überlegen, ob Sie Ihre Lebensmittel im Winter vollends nach draußen verfrachten wollen, bietet sich Ihnen die Möglichkeit dazu.

Brauche ich einen Gefrierschrank?

Auch diese Überlegung ist es wert. Natürlich müssen Sie hier abwägen, wie groß Ihre Familie ist und wie sehr Sie zeitlich eingespannt sind.

Thermomix

Ist der Thermomix wirklich energiesparender? Der Thermomix ist in vieler Hinsicht nicht nur bequemer, sondern auch energieeffizienter. Beispielsweise können Sie hier mehrere Nahrungsmittel gleichzeitig zubereiten, für die Sie auf dem Herd mehrere Platten bräuchten: im unteren Teil des Thermomix die Gemüsebrühe, im Dünstkörbchen die Kartoffeln und im Dampfgaraufsatz das Gemüse. Das spart sogar Abspülarbeit, was wiederum die Umwelt schont. Zudem stellt der Thermomix mehrere Geräte in einem dar. Diese müssen dann nicht extra gekauft werden. Spart also Abfall (wenn die Geräte kaputt gehen), Strom und Platz.

Folgende Geräte benötigen Sie mit dem Thermomix nicht:

Sagen wir es lieber andersherum – Folgendes können Sie mit dem Thermomix nicht:

Backen. Ja, sei es Kuchen, Pfannkuchen oder Waffeln, backen können Sie mit diesem kleinen Wundergerät leider nicht

Einen energiesparenden Vorteil hat der Thermomix noch: Er schaltet sich von selbst aus, was ich selbst tatsächlich ständig vergessen würde.

Kann ich mir einen Thermomix leisten? Hier möchte ich Ihnen ins Ohr flüstern, dass diverse No-Name-Produkte den gleichen guten Dienst tun.

Mikrowelle

Brauche ich eine Mikrowelle? Die Mikrowelle ist zwar ein Gerät mehr, das Strom frisst, hilft aber letztendlich dabei, Strom einzusparen. Dadurch, dass Sie die Fähigkeit besitzt, Lebensmittel und Getränke in nur wenigen Sekunden aufzuheizen, geht damit weniger Zeit und Strom verloren, denn der Aufheizvorgang erfolgt mit nur wenig Energie.

Toaster

Verwende ich den Toaster nur zum Toasten von Toastbrot? Einmal abgesehen davon, dass klar sein müsste, dass Sie nicht nur einen Toast in den Toaster stecken sollten, wenn vier hineinpassen... Ich denke,

hierüber sind Sie bereits eingehend im Bilde. Aber haben Sie schon einmal darüber nachgedacht, dass das Aufbacken zweier Brötchen auf dem Toaster energiesparender ist, als zwei in den Herd zu stecken? Denn auch hier gilt die ‚Leerlaufregel'. Großes Gerät und viel Energie für kleines Geschütz schaden der Umwelt.

Handy

Wie oft lade ich mein Handy auf? Jeder hat es, jeder braucht es, jeder will es. Das Handy, der weitläufige Begriff für das heutige Smartphone oder Android-Gerät. Das Handy kann heutzutage nahezu nichts nicht. Dementsprechend viel Strom frisst dieser kleine Kasten auch. Nicht selten höre ich, dass viele Menschen ihr Handy mehrmals am Tag aufladen müssen. Sie haben mehrere Möglichkeiten, dies zu minimieren. Schalten Sie folgende Features nur ein, sollten Sie sie benötigen:
- automatische Standorterkennung
- Bluetooth
- Mobile Daten
- WLAN-Router

und:
- deaktivieren Sie Push-Benachrichtigungen

- canceln Sie automatische Updates
- reduzieren Sie ihre gespeicherten Aufgabenerinnerungen auf ein Minimum
- hören Sie keine Musik auf dem Handy
- schauen Sie keine Filme auf dem Handy
- die Helligkeit des Bildschirmes muss nicht auf maximal stehen
- aktivieren Sie, wenn möglich, einen zeitlich festgelegten Energiesparmodus
- installieren Sie eine App, welche Sie über den Energieverbrauch Ihres Handys informiert

An dieser Stelle sei allerdings gesagt, dass das Handy auch Geräte und damit Energie einsparen kann. Heutzutage ersetzt das Handy den Fotoapparat, die Filmkamera, den MP3-Player, die Spielekonsole, die Taschenlampe, den Wecker und vieles mehr. Somit bietet das Handy den Vorteil, dass diese Geräte nicht extra angeschafft werden müssen – spart Müll und Energie. Wie alt ist mein Handy?

Je älter Ihr Handy ist, desto schwächer wird der Akku im Allgemeinen. Versuchen Sie, wenn möglich, ihn auszutauschen. Ansonsten kann es sinnvoll sein, sich ein neues Gerät anzuschaffen. Geben Sie, wenn möglich, Ihr ausgedientes Handy an Menschen ab, die noch zufrieden mit ihm sind oder es aus–

schlachten wollen. So wird es wenigstens kein Abfall.

Um sich bewusst zu machen, wie oft man das Handy eigentlich gedankenlos ansteckt und auflädt, empfiehlt es sich, eine Powerbank anzuschaffen. Einmal geladen, können Sie sich vornehmen, dass sie zwei Tage lang ausreichen muss. Oder Sie greifen gar ganz auf eine Solar-Powerbank zurück. So wird Ihnen Ihr Stromverbrauch noch bewusster. Wie gesagt: Wir sind verwöhnt. Und die Reduktion von elektronischen Medien tut nicht nur der Umwelt gut, sondern auch Ihrer Seele.

<u>Internetrouter</u>

Ist mein WLAN-Router den gesamten Tag eingeschaltet?

Grundsätzlich verbraucht Ihr WLAN-Router erst einmal Strom, weil er an der Steckdose steckt und sich permanent mit ihren Geräten verbindet, auch wenn Sie diese nicht nutzen. Diesem Übel können Sie zu Leibe rücken, indem Sie ihn nur dann anschalten, wenn Sie ihn auch benötigen. Aber Vorsicht: ein zu häufiges Hochfahren am Tag kann Sie am Ende mehr Energie kosten!

Der WLAN-Router ist ein Fall, bei dem ich mich tatsächlich für die Zeitschaltuhr entschieden habe.

Diese verbraucht zwar ebenfalls Strom, der Verbrauch liegt aber im minimalen Bereich. Auf jeden Fall ist er aber niedriger als ein ständiges Hoch- und Herunterfahren des WLAN-Routers oder als ein permanent laufender. Ich selbst habe mich dafür entschieden, den WLAN-Router über die Zeitschaltuhr nachts ausgehen zu lassen. Sollten Sie die Ehre haben, dass in Ihren vier Wänden Ihre mobilen Daten einwandfrei funktionieren, wäre es für Sie eine Option, den WLAN-Router nur anzuschalten, wenn Sie Größeres vorhaben, zum Beispiel, wenn Sie einen Film streamen. Für die kurzen Suchen nach Rezepten, Fremdwörtererklärungen, Öffnungszeiten oder Wegbeschreibungen tun es nämlich auch die Mobilen Daten.

Verbraucht die aktive Nutzung des WLAN-Routers zusätzlichen Strom?

Die traurige Antwort ist: Ja. Und leider ist es damit nicht getan. Jede Internetseite, die Sie aufrufen, verbraucht nicht nur in Ihren eigenen vier Wänden Strom, ich nenne ihn einmal ‚Benutzungsstrom‘. Eine Internetseite liegt auf einem Server und der Zugriff auf diesen (durch das Aufrufen und Benutzen der Seite) verbraucht ebenso Strom wie der Server selbst – der unbeschreiblich riesig ist.

Computer und dessen Hardware

Läuft der Computer, während ich andere Dinge mache?

Auch hier gilt: Ein ständiges Hoch- und Herunterfahren des Computers – oder Laptops – benötigt mehr Strom als das konstante Laufenlassen. Eine gute Alternative beim Laptop ist der Ruhemodus, den man aktiviert, indem man den Bildschirm des Laptops auf die Tastatur klappt. Jetzt ‚döst' Ihr Laptop sozusagen und ist schneller wieder startbereit, als wenn er ganz abgestellt war. Und schneller startbereit heißt: weniger Strom. Zudem ist erwiesen, dass ein Laptop im Allgemeinen weniger Strom verbraucht als ein Computer.

Die Regeln, die für den Computer und Laptop gelten, sollten Sie ebenfalls in Bezug auf Drucker, Fax, Kopierer, Scanner und andere beherzigen. Auch hier besitzen viele neuere Geräte eine ‚Schlaffunktion'. Ansonsten greifen Sie auf den Tipp mit der Mehrfachsteckdose mit Schalter zurück.

Was ebenfalls Strom, Platz und Moneten spart ist ein Kombigerät. Diese Geräte sind Fax, Kopierer, Scanner und Drucker in einem. Und wir haben ja gelernt: Je weniger Geräte, desto weniger Stromverbrauch und Müll. Manche Geräte erhalten Sie sogar mit nachfüllbaren Patronen.

Staubsauger

Sauge ich Dinge auf, die ich eigentlich wegkehren könnte? Drehe ich den Staubsauger immer auf ‚volle Pulle'?

Benötige ich wirklich einen Staubsauger mit solch einer hohen Leistung? Habe ich Einweg- oder Mehrweg-Staubsaugerbeutel?

Wäschetrockner

Da es sich beim Wäschetrockner hauptsächlich um Strom dreht, sei ihm hier ein kurzer Absatz gewidmet.

- Habe ich einen Energiespartrockner?
- Benutze ich das Energiespar-Trockenprogramm des Trockners?
- Könnte ich auf den Trockner verzichten?

Klar, der Trockner macht – im Idealfall – die Wäsche schranktrocken und erleichtert damit eine Menge Arbeit. Wenn ich aber bedenke, dass die Wäsche meistens nicht schranktrocken war und ich sie nach dem Trockenvorgang trotzdem aufhängen musste, also doppelte Arbeit hatte, ist es mir nicht schwergefallen, auf einen Trockner zu verzichten. Einmal abgesehen davon, dass er meine Kleidung ge–

schrumpft, den Stoff getötet und die Gummis ausgerissen hat.

Viele dieser Tipps kann man auf die meisten anderen Geräte übertragen, falls Sie noch weitere in Ihrem Haushalt verwalten. Natürlich könnten Sie sich fragen, ob es eine Option wäre, auf einige dieser Geräte zu verzichten, aber bitte nicht einfach wegwerfen, sondern lieber verkaufen oder verschenken.

Im Allgemeinen ist es sinnvoll, sich einen Stromzähler anzuschaffen. Einfach in die Steckdose stecken, Gerät anschließen, und Ihnen wird nicht nur der aktuelle Verbrauch angezeigt. manche Geräte rechnen sogar auf den Gesamtverbrauch pro Jahr hoch und zeigen Ihnen zudem die entstehenden Kosten.

Am Ende des Themas ‚Strom-Geräte' habe ich noch eine Quizfrage für Sie: Was glauben Sie, welches Gerät in Ihrem Haushalt den meisten Strom frisst? Es ist der Föhn! Er ist von Null auf Hundert knalle heiß. Das kostet eine Menge Strom.

Strom: Solar

Solarstrom ist eine Alternative, über die es sich lohnt, nachzudenken. Und damit meine ich nicht unbedingt die Solarmodule auf dem Dach! Sie haben die Möglichkeit, klein anzufangen. Gerade im Frühling erhalten Sie eine Vielzahl an Solarlampen und

andere solarbetriebene Gegenstände für den Garten. Doch so eine Lampe mit Erdspieß funktioniert genauso im dritten Stock Ihrer Etagenwohnung! Probieren Sie es einfach einmal aus. Meine Solarstromgeräte zu Hause sind: Solarradio, Solarnachtlicht, Solartaschenlampe (abends ab Dunkelheit schalte ich das Licht nicht mehr an), Solar-Pflanzenstecker, Solar-Powerbank, Solarmodul für kleine Geräte.

Leider hat auch Solarstrom seine Nachteile. Der größte Nachteil ist die Entsorgung der Solarmodule. Diese gestaltet sich sehr aufwendig und verbraucht eine Menge Energie. Auch hier kann man es also nie richtig machen.

Strom: Licht

Habe ich volle Beleuchtung, obwohl eine Lampe ausreichen würde?

Brennt in Zimmern Licht, in denen ich mich gar nicht aufhalte? Welche Birnen habe ich in den Lampen?

Auf die Deckenbeleuchtung hat man nicht unbedingt einen großen Einfluss. Beispielsweise kann man kaum feststellen, wie viel Energie eine Deckenleuchte im Jahr verbraucht. Allerdings können Sie den Stromverbrauch einer Lampe mit einigen Kniffen gut reduzieren: Den Lichtschalter immer nur dann betätigen, wenn Sie Licht benötigen, Licht nur in Zimmern brennen lassen, in denen Sie sich auch aufhalten und gerade in der Winterzeit eventuell auf das gute alte Kerzenlicht zurückgreifen.

Eine mögliche Lösung zum Energiesparen zu diesem Thema wäre auch ein Bewegungsmelder für Ihr Licht. Die Beleuchtung vorm Hauseingang beispielsweise bietet sich hier sehr gut an.

Der wohl offensichtlichste Akt ist natürlich der Austausch von herkömmlichen Glühbirnen mit Energiesparlampen. Hierzu wurde die Bevölkerung ja auch gezwungen, indem es keine damaligen Glühbirnen mehr zu kaufen gibt. Aber auch bei Energiesparlampen gibt es wesentliche Unterschiede! Es lohnt sich also, in dieses Thema einzutauchen, denn: eine Energiesparlampe kann, im Vergleich zu einer herkömmlichen Glühbirne, bis zu 80 Prozent Strom einsparen.

Achten Sie bei allen anderen elektronisch betriebenen Geräten darauf, dass Birnchen, also sämtliche Leuchtmittel, LEDs sind, um Strom zu sparen. Dieser Tipp ist besonders bei Lichterketten, Nachtlicht, Sonnenaufgangsweckern und anderen, viel Strom verbrauchenden Geräten sinnvoll.

Bezüglich Lichterketten kann eine Zeitschaltuhr zusätzlich zu LEDs den Stromverbrauch verringern. Denn dann brennt die Lichterkette nicht umsonst,

wenn Sie sich gar nicht in dem beleuchteten Zimmer aufhalten oder gar eingedöst sind.

Strom vs. Batterien

Ein wichtiges Thema bei Strom ist die Alternative Batterie. Auch hier gilt es, abzuwägen, wie viel Erdöl Sie im Jahr durch Strom verbrauchen möchten oder durch wie viele Batterien Sie gedenken, die Umwelt zu belasten. Diese Frage stellt sich vor allem bei Geräten, die man wahlweise mit Strom, Akku oder Batterie verwenden könnte.

Aus diesem Grund habe ich zum Beispiel meinen Radiowecker abgeschafft, indem ich ihn nicht nur vom Stromnetz genommen habe, sondern diesen auch nicht mit Batterien laufen lasse. Stattdessen kaufte ich mir einen ganz normalen, analogen Wecker mit nur einer normal großen Batterie (nicht mit vielen dicken). Ebenso stecken Batterien in meiner Solartaschenlampe, die ich, wie bereits erwähnt, jeden Abend ab Dunkelheit brauche (die Batterien springen an, wenn das Sonnenlicht tagsüber zu einem ausreichenden Aufladen nicht gereicht hat).

Denn ein wichtiger Punkt sei noch erwähnt: Manchmal geht es auch ums Geld. Und jedes halbe Jahr eine neue Batterie für den Wecker zu kaufen ist nun einmal weitaus günstiger, als ein halbes Jahr lang einen Radiowecker am Stromnetz zu betreiben.

An dieser Stelle sei noch mein ‚grüner Sonntag' erwähnt. Einst las ich im Internet von der Möglichkeit, sich an abwechselnden Tagen vorzunehmen, das Zero Waste-Konzept umzusetzen, also einen Tag normal leben, am nächsten Tag Zero Waste, dann wieder normal... und so fort. Das war mir nicht nur zu viel hin und her – es war mir auch zu schwer für den Anfang.

Da ich mich nun öfter einmal zwingen muss, Pausen einzulegen, um nicht ganz und gar zusammenzuklappen, beschloss ich, zwei Fliegen mit einer Klappe zu schlagen und den ‚grünen Sonntag' einzuführen. An diesem Tag wird sich also ausgeruht und es sind nur Dinge erlaubt, die Spaß machen. Da beispielsweise das Handy viel Zeit, Energie und gute Stimmung raubt, wird dieses Samstagabend ab- und erst spät am Sonntag wieder angeschaltet.

Der Strom freut sich darüber ebenfalls. Zudem stelle ich am Sonntag sämtlichen Strom ab, unter anderem, um nicht in eine ‚Stromfalle' zu tappen. Sie glauben nicht, wie schnell man einmal rein routinemäßig einen Lichtschalter betätigt hat. WLAN-Router, Fernseher, Computer, Radio, Wasserkocher, Herd, alles wird deshalb sonntags ausgestellt. Das Einzige, was weiter läuft, ist der Kühlschrank. So koche ich am Sonntag mein Kaffeewasser mit Spiritus

und das Mittagessen wird ebenfalls auf diese Weise zubereitet. Klingt für Sie jetzt vielleicht nach Zwang und Druck, ich selbst habe aber bemerkt, dass es mir sehr guttut. Ein bisschen Umstellung, ein bisschen Trauer nach WhatsApp, YouTube und eBay Kleinanzeigen... aber am Ende des Tages fühle ich mich ausgeruhter und frischer, ja, gar so, als ob ich in den Urlaub gefahren wäre.

Aber das müssen Sie natürlich für sich selbst feststellen, ob es ebenfalls diese Wirkung auf Sie hat. Wie gesagt: Immer abwägen und Prioritäten setzen. Fragen Sie sich stets: Was will ich und wie fühle ich mich am besten damit?

ABFALL

Der Abfall ist ein leidiges Thema. Warum? Weil man seine Entsorgung oft nicht so umweltfreundlich gestalten kann, wie man möchte, da sich die Bundesländer bei den Recyclingvorgängen deutlich unterscheiden. Meine Wenigkeit – Baden-Württemberg – hat zum Beispiel nicht die Möglichkeit, Biomüll in eine Biotonne zu werfen. Nahrungsmittel gehören hier in den Restmüll. Einen Garten besitze ich nicht, also auch keine Möglichkeit zu einem Komposter. Auch die Benutzung von Papiertüten für den

normalen Müll ist zwecklos, da Papier im Normal-
müll verboten ist.

Möchten Sie sich also näher mit dem Thema
Müllentsorgung beschäftigen, sind Sie gezwungen,
erst einmal genau die Regeln zur Abfallentsorgung
Ihres Bundeslandes zu studieren. Aus diesem Grund
bezieht sich die Kategorie ‚Abfall' in diesem Ratgeber lediglich auf die Müllvermeidung.

Plastik

Das wohl schwierigste, aber auch umfangreichste
Problem ist Plastik. Denn feinste Nano-Partikel von
Plastik landen, wie bereits beschrieben, in unseren
Meeren, in den Fischen und letztendlich wieder in
unseren Bäuchen. Doch es wird noch komplizierter.
Sie haben bereits gelernt, dass Sie sich gegebenen-
falls Plastik anziehen. Aber hätten Sie gedacht, dass
Sie sich möglicherweise auch Plastik auf die Haut
schmieren? Viele Kosmetika haben es nicht damit
getan, dass sie in Plastik verpackt sind. Paradebei-
spiel hierfür sind sämtliche Peelingprodukte. Ja, die
Massagepünktchen, welche darin enthalten sind, bestehen tatsächlich aus Plastik! Oder: Ist Ihnen bewusst, dass Sie mit Plastik auf Ihren Zähnen herum-
schrubben?

Plastik zu vermeiden ist der gefühlt schwierigste Akt am Zero Waste-Leben, denn manche

Dinge kann man nicht plastikfrei einkaufen. Vor allem im Gesundheitsbereich haben Sie hier schnell ein Problem. Sie benötigen täglich Tabletten? Sehen Sie, eingepackt sind diese in der Regel in Plastik. Auch hier muss man also Prioritäten setzen. Auf was möchten Sie verzichten? Und auf was können Sie nicht verzichten?

Wenn Sie das Glück haben, einen sogenannten Unverpacktladen in Ihrer Stadt zu haben, dann sollten Sie diesem unbedingt einmal einen Besuch abstatten. Manchmal haben auch diverse Supermärkte eine Unverpackt-Abteilung. Ansonsten bleibt nur der Onlinefachhandel. Viele Händler haben sich bereits auf unverpackte Waren spezialisiert – oder wenigstens auf nur eine Versandverpackung. Doch auch hier müssen Sie aufpassen. Manche Onlineshops bieten zwar unverpackte Ware an, jedes Teil, das Sie bestellt haben, kommt aber woanders her und am Ende haben Sie fünf Pakete bekommen, deren Inhalt noch dazu vielleicht unverpackt ist – aber die Versandverpackung leider nicht.

Hier kann ich Ihnen nur den Onlineshop monomeer wärmstens empfehlen, den es in manchen Regionen auch als Laden gibt. Doch auch hier müssen Sie abwägen, ob das direkte Bestellen nicht umweltfreundlicher ist. Denn der Monomeerladen ist gefüllt mit Produkten, die er auch erst irgendwo eingekauft hat. Hierbei wurde auch wieder Energie vergeudet.

Was ich allerdings sehr gut an monomeer finde, ist seine Konzentration darauf, dass auch die Waren, die ihm geliefert werden, bereits umweltfreundliche Versandverpackungen aufweisen. Monomeer selbst liefert selbstverständlich auch in umweltfreundlichen Versandverpackungen. Ein weiterer Vorteil von monomeer ist die Produktvielfalt zu den unterschiedlichsten Themen.

Ebenso sei gesagt, dass es nichts bringt, 60 Minuten lang in einen Unverpacktladen zu fahren. Das verschmutzt nicht nur die Umwelt, sondern kostet auch eine Menge Weggeld.
Wer eine große Herausforderung benötigt, kann bei den Firmen, bei denen er bestellen möchte, nachfragen, ob Sie denn umweltfreundlich verpacken beziehungsweise ob sie denn bereit dazu wären.

Und ja – natürlich sind diese Waren teurer. Aber schon bald werden Sie merken, dass Ihnen ein gutes Gewissen lieber ist, als wenig Geld ausgegeben zu haben. Im Allgemeinen fühlt es sich aus eigener Erfahrung viel besser an, ein hochwertiges Produkt in Händen zu halten, das noch dazu viel länger verwendbar ist. Dies gilt nicht nur für Kosmetika – auf dieses Thema gehe ich noch speziell ein –, sondern

auch für Putzmittel, Putzlappen, aber vor allem für Lebensmittel.

Es sei Ihnen also ans Herz gelegt, allgemein auf Plastikkram zu verzichten. Wenn Sie das nächste Mal in diversen Billigläden herumschlendern, deren Waren übrigens im Allgemeinen einen überdurchschnittlich weiten Weg hinter sich haben, versuchen Sie doch einmal, auf die kleinen, scheinbar seelenbeglückenden Einzelteilchen aus Plastik zu verzichten.

Action

An dieser Stelle habe ich eine sehr herausfordernde Aufgabe für Sie. Versuchen Sie doch einmal, bei Ihrem nächsten Lebensmitteleinkauf keinerlei Plastik in den Wagen zu legen – und bekommen Sie dabei aber alles, was Sie einkaufen wollten. Sollten Sie dies tatsächlich geschafft haben, waren Sie höchstwahrscheinlich in mindestens sieben Supermärkten unterwegs und haben mehr Benzin und Energie verbraucht, als wenn Sie nicht auf einen plastikfreien Einkauf geachtet hätten.

Lebensmittel

Na, wie war die Herausforderung, einen Einkauf komplett ohne Plastik zu tätigen? Gar nicht so einfach, nicht wahr?

Sollten Sie das Glück haben, einen Obst- und Gemü-
seladen in Ihrer Stadt zu haben, dann genießen Sie
die Option, diese Waren zukünftig dort einzukaufen.
Hier ist meistens nur wenig verpackt und die Plas-
tiktüte, in die die Verkäuferin Ihre Waren stecken
möchte, können Sie leicht durch eine Stofftasche ersetzen.

Noch besser ist es, darauf zu achten, wann bei
Ihnen ein Wochenmarkt stattfindet. Denn hier be-
kommt man nicht nur unverpacktes Obst und Gemüse, sondern oft auch andere Leckereien wie Marmelade, Honig oder Gemüsebrühe. Nicht selten können Sie hier ebenfalls einzelne Blumen und Kräuter
kaufen.

Als ich mit Zero Waste begann, habe ich mir tatsächlich als Erstes vorgenommen, nur beim Gemüse
darauf zu achten, dass es unverpackt ist, später dann
zusätzlich beim Obst. War es verpackt, ließ ich es liegen. Im ersten Moment ist das ein Verzicht, aber es
hat sich für mich gut angefühlt. Es schadet nicht, dem
allgemeinen Menschheitsdrang, im Überfluss alles
zur Verfügung zu haben, dann und wann einmal zu
widerstehen. Ganz im Gegenteil – mir tut es sogar
gut.

Ein wichtiger Punkt in Sachen Lebensmittel ist
natürlich   auch   das   regionale   und   saisonale

Einkaufen von Lebensmitteln. Dies zieht die Herausforderung nach sich, nicht zuerst ein Rezept anzuschauen und dann die Zutaten dafür zu kaufen, sondern auf einer Tabelle nachzusehen, welche Lebensmittel gerade saisonal sind und danach ein Rezept herauszusuchen.

Etwas ungewohnt, aber möglich. Die entsprechenden Tabellen sind im Internet erhältlich. Oft werden in Supermärkten die regionalen Lebensmittel jetzt schon erkenntlich gekennzeichnet. Und unerlässlich für den zukünftigen plastikfreien Einkauf von Obst und Gemüse sind selbst mitgebrachte Stoffsäckchen, die Sie übrigens sehr gut aus alten Vorhängen nähen können – der Kassiererin zuliebe grobmaschig, also durchsehbar.

Dann haben Sie die Möglichkeit, sich der Fairteiler-Organisation anzuschließen. Diese sammelt noch verwendbare, aber nicht mehr verkäufliche Lebensmittel aus Supermärkten ein und vergibt sie an Menschen, welche kein Problem mit dieser Art von Ware haben. Der Beitritt ist eine etwas höhere Philosophie, aber wer die Herausforderung liebt, wird seine Freude daran haben. Auf jeden Fall ist es gut, sich im Internet zu informieren, wo bei Ihnen in der Nähe ein Fairteiler steht. Denn dieser wird von diesen Leuten immer wieder aufgefüllt und jeder darf sich

daran bedienen. Ein Beitritt in die passende WhatsApp-Gruppe verhilft Ihnen dazu, nie mehr eine Füllung zu verpassen.

Die Fairteiler sind aber nicht die einzige Organisation, die sich dazu verschrieben hat, Lebensmittel zu retten. Auf manchen Onlineseiten können Sie gezielt krummes und unschönes Obst und Gemüse einkaufen und erhalten dieses im Versandkarton ohne Plastik. Aber auch im Playstore wird man fündig. Die App ‚too good to go‘ zeigt Ihnen Läden in Ihrer Nähe, die am Abend Lebensmittel zu einem geringen Preis herausgeben, die sie nach Ladenschluss wegwerfen müssten.

Und auch bei eBay Kleinanzeigen werden oft Nahrungsmittel verschenkt oder verkauft. Hier posten hin und wieder auch einige Privatpersonen, die in eigener Regie Lebensmittel retten.

An dieser Stelle sei auch die Internetseite mymuesli.de genannt. Hier finden Sie eine Vielfalt an Biozutaten für Ihr Müsli, das Sie sich online komplett selbst zusammenstellen können. Das spart eine Menge Verpackung und Sie haben immer nur die Zutaten in Ihrem Müsli, die Sie auch gerne essen. Diese sind oft auch so extravagant, wie sie im Laden gar nicht erhältlich wären. Sehr praktisch ist das Prinzip von mymuesli vor allem für launische Kinder, die

ihre Geschmacksvorlieben wöchentlich ändern. Das Müsli kommt in der Tetradose.

Auch das aus dem Fernsehen bekannte hellofresh sei hier erwähnt. Es ist insofern umweltfreundlich, als dass Sie von jeder Zutat, die Sie für eine Mahlzeit benötigen, immer nur die Menge zuhause haben, die Sie tatsächlich benötigen. Allerdings sind diese Kleinstmengen überwiegend in Plastik verpackt, was am Ende mehr Müll verursacht, als wenn Sie im Laden eingekauft hätten.

Zudem befinden sich in den Paketen Eispacks. Selbstverständlich kann man diese Eispacks fürs Camping benutzen, aber wer einmal ein halbes Jahr bei hellofresh dabei war, weiß nicht mehr, wohin er mit den 50 Eispacks soll. Immerhin kommen die Einzelteile schon nicht mehr überwiegend in Plastiktüten verpackt, sondern in einem aus Papierfasern hergestellten Frischepack. Käse und Wurst lassen sich übrigens beim Metzger und an der Käsetheke kaufen, Brot beim Bäcker. Hierfür einfach eigene Gefäße mitbringen.

Einweg und Mehrweg

Sie glauben, mit einer Mehrwegflasche haben Sie etwas Gutes getan? Nun ja, das ist leider nur die halbe Wahrheit, denn auch hier gibt es Unterschiede. Für so manche Mehrwegflasche bekommen Sie 15 ct zurück, für eine andere 25 ct, richtig? Nur – woran liegt das? Ganz einfach. Es kommt auf den Recyclingweg an. Die eine Flasche besteht lediglich aus einmalig recyceltem Material und wird danach definitiv zu Müll. Die andere Flasche hingegen wird einige Male der Wiederverwertung zugeführt – landet nach etwa 7-10 Durchläufen aber ebenfalls unverwertbar auf der Deponie. Mit dieser Methode haben Sie also lediglich den Zeitpunkt verschoben, zu dem eine Plastikflasche zu Müll wird.

Bioplastik

Ein neuer Renner ist Bioplastik. Es soll sich biologisch abbauen. Dieser Prozess findet aber so langsam statt, dass auch Bioplastik ein Umweltproblem darstellt. Zudem macht die Herstellung und Verwendung von Bioplastik keinen Sinn, wenn es keine speziellen Entsorgungswege für dieses Material gibt. Denn so kann es nicht ‚artgerecht‘ seiner Bestimmung zugeführt werden. Zudem: Versuchen Sie einmal, eine Bioplastikmülltüte in den Biomüll zu werfen. Sie werden Ärger mit der Müllentsorgung bekommen. Warum? Ganz einfach: weil man Bioplastik nicht ansieht, dass es Bioplastik ist – und die Müllmänner außerdem wenig entzückt sind, wenn Plastik in der Verbrennung landet – sei es nun Bio oder nicht.

Aluminium

Aluminium ist das umweltschädlichste Material überhaupt, denn es baut sich, im Gegensatz zu Plastik, nicht sehr langsam ab, sondern gar nicht. Abbauen ist in Bezug auf Plastik vielleicht das falsche Wort, aber dieses wird wenigstens kleiner und kleiner und kleiner, bis feinste Plastikpartikel nicht nur im Ozean herumschwimmen, sondern in manchen Ländern auch in der Luft herumfliegen, wie bei uns Blütenstaub. Im Vergleich bleibt Aluminium immer so, wie es ist, unter jeder Bedingung. Verbrennen? Geht nicht.

Was ich nun mit Aluminium will? Das kommt doch im Haushalt nicht vor, sagen Sie? Falsch gedacht – oder was meinen Sie, aus welchem Material Ihre *Alu*folie besteht?

Und hier wartet wieder eine Aufgabe auf Sie:

Action

> Rufen Sie sich einmal ins Gedächtnis, welche Produkte, die Sie einkaufen, ebenfalls in Aluminium verpackt sind oder die zumindest Aluminium enthalten.

Streichkäse, Joghurtbecher-Versiegelungen, Margarine-Versiegelungen, Schokolade, Niveacreme-Versiegelungen, Zahnpasta-Versiegelungen...

Wägen Sie hier also bitte besonders ab, auf was Sie bereit sind, zu verzichten.

Dosen vs. Tetrapack

Dosen sind Blech, aber immerhin haben Sie in einigen Regionen einen eigenen Recyclingweg. Bevor Sie jedoch zu Dosen greifen, wählen Sie lieber den Tetrapack, denn sein Recyclingweg ist weit einfacher, als der von Blech – und Tetrapack ist beim Sammeln in der Mülltonne auch platzsparender, da man ihn zerdrücken kann. In manchen Bundesländern werden aber Dosen tatsächlich im Gelben Sack entsorgt. Fällt es Ihnen sehr schwer, auf Dosen zu verzichten, lassen sich diese auch prima upcyceln.

Glas

Glas ist die wohl umweltfreundlichste Art und Weise, Dinge zu verpacken. Leider kommt man hierbei um einen Plastik- oder Aludeckel kaum herum. Aber finden wir uns einmal damit ab, denn Glas wird gesammelt, eingeschmolzen und dann erneut zu Verpackungsmaterial gegossen.

Nicht umsonst müssen Sie am Glascontainer feinsäuberlich nach Farbe sortieren. Mit Glas haben

Sie also die beste Wahl getroffen? Weit gefehlt. Nur als recyclingfähiges Glas ausgezeichnetes Glas lässt sich auch recyceln! Nicht der Wiederverwertung zugeführt werden können beispielsweise Ihre Trinkgläser im Regal, Müslischüsselchen aus Glas und viele Gläser von Streichcremes, Schokocremes, Marmelade etc.

Hier also unbedingt auf das Label achten. Und noch etwas ist wichtig: Behalten Sie im Hinterkopf, dass Glas weit schwerer ist als Kunststoff. Dadurch verbraucht es beim Transport mehr Kraftstoff. Je nachdem, wie weit sein Weg ist, kann Glas so schnell zur Zero Waste-Falle werden. Deshalb habe ich mich dazu entschlossen, meinen heiß geliebten Orangensaft nur dann in der Glasflasche zu kaufen, wenn er aus der Region kommt. Meine Alternative hierzu ist natürlich Tetrapack statt Plastikflasche.

Holz

‚Jetzt kann ich aber alles richtig machen‘, denken Sie. Leider muss ich Sie enttäuschen. Zwar ist Holz ein nachwachsender, natürlicher Rohstoff, doch so ein Baum wächst sehr langsam. Zudem benötigt er, wenn in Kultur angepflanzt, Energie für Wasserspritzgeräte, Düngespritzgeräte, eventuell Gewächshäuser… und nicht zuletzt ist eine vehemente Rodung von Bäumen ein Problem für die Umwelt und eine Gefahr für die Menschheit. Ich sage nur Lawinen oder Erdrutsch.

Zu Beginn des Zero Waste-Booms haben viele Firmen damit begonnen, von Plastik auf Papier umzusteigen. Doch sehr schnell stellte der Erste die entscheidende Frage in den Raum: Wann sollen diese ganzen Bäume alle wieder nachwachsen?

Bambus

Die erdachte Lösung ist Bambus. Er wächst sehr schnell und lässt sich gut verarbeiten. Zudem schadet seine Ernte weder Mensch noch Tier. Doch auch hier hat Ihnen die Industrie eine Falle aufgestellt: Billige Bambusprodukte aus fernöstlichen Ländern sind nicht nur viel zu weit gereist – sie sind oft auch extrem schadstoffbelastet. Das wird vor allem dann zum Problem, wenn beispielsweise Plastikpartygeschirr mit Bambuspartygeschirr ersetzt wird.

Upcycling

Die einfachste und effektivste Methode, die Umwelt grün zu halten ist es, etwas, das für den Müll bestimmt war, diesem nicht zuzuführen. Das ist das Konzept von Upcycling.

Nun ist dieser Trend schon so stark, dass es tatsächlich Leute gibt, die ein bestimmtes Plastikprodukt überhaupt erst kaufen, um sich danach dann

den Gegenstand daraus upzucyceln, den sie sich wünschen. Diese Methode ist verständlicherweise ziemlich uneffektiv. Upcycling sollte sich nur auf die Produkte beziehen, die Sie tatsächlich in die Tonne kicken würden, weil Sie nicht umweltfreundlich zu erwerben sind.

Im Folgenden möchte ich Ihnen nun einen kleinen Ausschnitt aus der Welt des Upcyclings aufzeigen:

Action

Sockentierchen
Wer kennt es nicht, das mindestens wöchentliche Szenario, wenn Sie Ihre Waschmaschine ausräumen. Wo zum Geier ist die zweite Socke hin? Frustriert legen Sie ihn in ein Kistchen, in dem bereits an die neun einzelne Socken ungenutzt ihr Dasein fristen. Dabei können sie so leicht eine neue Chance bekommen:
Stopfen Sie den oberen Teil der Socke mit Watte und binden Sie ihn dann ab. Diesen Vorgang wiederholen Sie mehrere Male, bis die Socke zu Ende ist. Hinten ist ein Schwänzchen entstanden, vorne kleben Sie Augen darauf und fertig ist die Raupe Nimmersatt.

Lassen Sie Ihrer Kreativität freien Lauf, Ihnen gelingen bestimmt noch weitere Tierchen. Ansonsten gibt es reichlich Anleitungen im Internet.

Und bitte: nicht extra die Socken kaufen, um schöne Tierchen herzustellen!

Dosenlicht

Das Papier von einer Dose entfernen, mit Hammer und Nagel viele kleine Löcher in die Dosenseiten hämmern, Teelicht hinein stellen und fertig ist ein unübertrefflicher Teelichthalter.

Pflanzengießer

Sie fahren in den Urlaub und haben vergessen, einen Pflanzengießer zu engagieren? Kein Problem. Nehmen Sie eine Plastikflasche und stechen Sie im Bereich des Deckels, circa fünf Zentimeter von diesem entfernt, gut verteilt drei winzig kleine Löcher mit der Stecknadel ein – bitte wirklich nur winzig klein. Füllen Sie die Flasche nun dreiviertel mit Wasser auf, drehen Sie sie um und platzieren Sie sie nun schnell im Pflanzentopf. Das Wasser wird jetzt sehr langsam in den Topf abgegeben werden und Sie können getrost in den Urlaub fahren.

PFLEGE

KLEIDUNG

Was hat meine Kleidung mit Zero Waste zu tun?, fragen Sie sich. Nun ja, ein Grund wurde ja bereits bei der Waschmaschine angeschnitten. Viele Kleidungsstücke sind aus Plastik. Hier wären wir auch schon bei den Alternativen angekommen. Wenn Sie die Umwelt schützen wollen, empfiehlt es sich, Kleidung aus Naturmaterial zu kaufen. Hierzu zählen Stoffe aus Baumwolle, Schurwolle, Schafswolle, Hanf, Seide oder Leinen. Der Preis für Kleidung aus Natur ist leider etwas höher – aber Sie werden den Tragekomfort genießen. Allerdings ist es ratsam, sich vorab mit der Pflegeanleitung des jeweiligen Wäschestückes zu beschäftigen, denn sonst könnte es böse Überraschungen geben.

Natürlich sollen Sie jetzt nicht alle Ihre Kunstfaser-Kleidungsstücke hopplahopp durch Naturmaterial ersetzen, denn das wäre ja wieder kontraproduktiv. Vorerst genügt es, wenn Sie sich einmal damit beschäftigen, aus welchem Material Ihre Kleidungsstücke überhaupt bestehen.

Action

Jeden Morgen, bevor Sie sich das anziehen, was Sie sich anziehen möchten, kontrollieren Sie alle Etiketten dieser Kleidungsstücke.

Vielleicht werden Sie mit der Zeit feststellen, dass Sie schon einige Kleidungsstücke aus Naturfaser besitzen. Unterwäsche beispielsweise ist oft aus Baumwolle, da diese atmungsaktiver ist.

Sollten Sie sich vornehmen wollen, auf reine Naturkleidung umzusteigen – ich nehme hier als Beispiel Baumwolle –, ist es vorerst ausreichend, auf solche umzusteigen, die wenigstens teilweise Baumwolle enthält. Es müssen ja nicht gleich 100 Prozent sein. Und wie gesagt: nicht kontraproduktiv werden! Umsteigen bedeutet nicht, alles wegzuwerfen und zu ersetzen.

Alte Kleidungsstücke lassen sich übrigens ebenfalls prima upcyceln. Ich selbst habe aus einigen

Tops, die niemand kaufen oder geschenkt haben wollte, einige Putzlappen gefertigt. Aus alten Decken kann man Kissenbezüge nähen. Alte Bettlaken erhalten meine Kaninchen zum Kuscheln und zerfetzen. Aus einem Pullover können Sie ein Hundebett basteln, indem Sie die Ärmel am Pullover fest nähen und diese und den Bauch/Rückenteil mit Watte ausstopfen. Jetzt einfach alle Öffnungen schließen.

Wer nicht so gut im Upcyclen ist, kann sich umhören, ob Hilfsorganisationen, Kinderheime oder Krankenhäuser Kleidung benötigen. Auch Kleidercontainer sind eine Option, aber passen Sie dabei auf! Die Kleidung, welche darin gesammelt wird, wird nicht zwingend weiterverwendet, sondern möglicherweise nur dem Recyclingkreislauf zugeführt.

Die effektivste Methode ist meiner Erfahrung nach das Verkaufen oder Verschenken von Kleidung. Hierbei entstehen unter Umständen allerdings wieder Kosten und Energieverbrauch, was Sie eventuell nicht mit sich vereinbaren möchten. Also ich spreche von Zeitungsinseraten, Kleinanzeigen im Internet, Postings bei Facebook etc.

Irgendwann später können Sie sich dann vornehmen, nur noch 100-prozentige Baumwollteile hinzuzukaufen, sollten Sie es anstreben, ein neues

Teil anzuschaffen. Leider gibt es auch hier eine Zero Waste-Falle. In diversen Billigläden sind tatsächlich Kleidungsstücke aus 100 Prozent Baumwolle erhältlich. Hier müssen Sie aber auf die Herstellungsbedingungen achten. Werden die Arbeiter fair behandelt und bezahlt? Wird Chemie verwendet? Zudem kommt es bei Baumwolle darauf an, wie dick sie gewebt wurde, denn: je dünner, desto billiger.

BEAUTY UND GESUNDHEIT

Action

> Auch wenn Sie es sich gerade mit diesem Ratgeber auf Ihrem Sessel bequem gemacht haben – bitte begeben Sie sich kurz in Ihr Badezimmer und sehen Sie sich alles einmal intensiv an.
> Wie viele Dinge hier sind aus Plastik?
> Welche Dinge verstauben hier?
> Welches gleiche Produkt existiert mehrere Male?
> In welchen Produkten könnte Plastik oder gar Chemie stecken?

Es ist für einen Außenstehenden sehr schwer, einzuschätzen, was Sie an Beautyprodukten tatsächlich benötigen (ich nehme mir hier die Freiheit, alles, was im Badezimmer herumsteht, unter dem Begriff

‚Beauty' zusammenzufassen). Deshalb liegt es nun wieder an Ihnen, sich obenstehende Fragen ehrlich zu beantworten und danach entsprechend zu handeln.

Was wohl – hoffentlich – in jedem Badezimmer steht, ist Duschgel, Haarshampoo, Zahnpasta, Zahnbürste, Haarbürste, Seife, Klopapier, eventuell Gesichtswasser, Mundwasser, Rasierwasser, Parfum, Haarspray, Haarschaum und Wattestäbchen. Machen Sie sich keinen Stress! Fürs Erste genügt es, sich diesen Dingen zu widmen, welche Sie tagtäglich benutzen.

Hier eine Liste mit möglichen Alternativen für alltägliche Beautyprodukte:

Duschgel in der Plastikflasche	die gute alte Seife in einem Waschlappen, natürlich im Pappkarton gekauft (schon im Supermarkt oft mit Papierverpackung erhältlich)
Haarshampoo in der Plastikflasche	sogenannte Haarseife – oft im Bioladen oder in diversen Drogeriemärkten zu haben, ansonsten im Unverpacktladen

Zahnpasta in der Plastik- oder Alu-Tube	Zahnputztabletten aus dem Glas oder Zahnpasta aus dem Glas, Unverpacktladen
Zahnbürste	mit Holz- oder Bambusstiel und Tierborsten, mittlerweile bereits in Supermärkten, Kaufhäusern und Drogeriemärkten erhältlich – hier ist es eine Option, erst einmal nur den Stiel durch Holz zu ersetzen, um die Borsten können Sie sich dann zu späterer Zeit kümmern, wenn Sie bereits fit in Zero Waste sind
Haarbürste aus Plastik	Haarbürste aus Holz, am genialsten sogar mit Holz- oder Tierhaarborsten. Aber Vorsicht: Manchmal bekommt man einen Elektroschlag von den Tierhaarborsten. Eine Haarbürste aus Holz gibt es im gut sortierten Drogerie- oder Supermarkt
Flüssigseife im	Flüssigseife im

Einwegspender	Nachfüllpack in die eigene Flüssigseifenflasche füllen; noch besser: die gute alte Handseife die – entgegen aller Behauptungen – nicht unhygienischer ist, da man das Unhygienische auf der Seife beim Waschen mit der Seife ja wieder abwäscht.
Klopapier in Plastik verpackt und bunt bedruckt, eventuell noch mit chemischem Stoff (was übrigens auch für Ihren Popo nicht sehr angenehm ist)	Ich empfehle das Klopapier von monomeer. Es ist dünn, weicher als jedes Softweich-Papier und es hat die doppelte Menge auf einer Rolle. Es reißt nicht und wird Einzeln ohne Verpackung geliefert.
Gesichts-, Mund- und Rasierwasser in der Plastikflasche	in der Glasflasche; für Männer gibt es auch Rasierseife (monomeer)
Parfum in der Plastikflasche oder im Plastikpröbchen	in der Glasflasche
Haarspray, Haarschaum in der Spraydose	in einem Pumpspraybehälter, in den man nachher übrigens sehr gut sein

	selbstgemischtes Putzmittel füllen kann
Wattestäbchen mit Plastikstiel in Plastikkistchen	Wattestäbchen gibt es mittlerweile fast überall mit Papierstiel, bei monomeer sogar in Papier verpackt

Wie bereits erwähnt, lässt sich nicht jedes Equipment beeinflussen, dass Sie zur Erhaltung Ihrer Gesundheit benötigen. Das wohl größte Problem sind hier Tabletten, Einwegspritzen, Desinfektionstücher und dergleichen. Nasenspray kann man mit viel Mühe auch als Tropfen in der Flasche finden. Sind Sie aber Pollen-, Tierhaar- oder Hausstauballergiker, empfiehlt es sich, auf Meerwassernasenspray umzusteigen, da man nach diesem nicht süchtig werden kann. Leider ist es nur im Plastikfläschchen erhältlich.

Im Folgenden möchte ich Ihnen eine kleine Tabelle an die Hand geben, wie Sie manche Medizinprodukte ganz leicht selbst herstellen können.

Meerwassernasentropfen	Geben Sie 9 g unjodiertes Meersalz ohne Zusatzstoffe oder Gerieselungsmittel auf 1 Liter destilliertes Wasser und rühren Sie so lange, bis die Lösung klar ist. Achten Sie strengstens auf Hygiene und Ihr selbst gemachtes Nasenspray kann umgefüllt werden.
Salbeibonbons	Pulverisieren Sie 3 g getrockneten Salbei mit dem Mörser. Geben Sie 100 g Zucker und 3 Esslöffel Wasser in einen Topf und bringen Sie die Mischung zum Kochen. Der Zucker darf nur leicht bräunen. Fügen Sie nun das Salbeipulver hinzu. Optional sind 1 TL Honig und/oder etwas Ingwer. Nun mit dem Löffel kleine Bonbons herausnehmen und trocknen lassen. Anschließend mit Puderzucker bestäuben, damit sie nicht zusammenkleben. War kein Akt,

	oder?
Kamille-Mundwasser	Kochen Sie Bio-Kamillentee auf, am besten nur die Blüten (gibt es in der Apotheke), und lassen Sie das ganze abkühlen. Fertig ist das antientzündliche Kamille-Mundwasser. Sie sollten das Mundwasser allerdings jeden Tag neu herstellen.
	Eine Alternative zu Mundwasser kann auch Ölziehen sein. Dies können Sie einfach mit hochwertigem Olivenöl machen.

HOBBY

HAUSTIERE

Auch diese Kategorie gestaltet sich unter Umständen recht schwierig. Katzen- und Hundefutter ist nun einmal nur in Dosen erhältlich, Leckerlis und Medizin in Plastik. Hier können Sie wenig bis gar nichts ändern, aber das macht nichts. Sehen Sie guten Gewissens auf die Dinge zurück, die Sie im Stande sind, zu ändern, und konzentrieren Sie sich hierauf.

Geht es um Kleintiere, gibt es ein paar Möglichkeiten, umweltfreundlicher zu werden.

Einstreu
Die Firma allkokos bietet Ihnen sehr ergiebiges Kleintierstreu aus Kokosnussschalen, welche nach der Verarbeitung von Kokosnüssen übrig sind und

weggeworfen würden. Somit tut sich hier nicht nur eine umweltfreundliche Alternative für Sie auf, Sie benötigen zudem nur sehr wenig von dem Einstreu. Es bindet Ammoniak im Vergleich zu anderer Einstreu deutlich besser und die Geruchsbelastung in Ihren vier Wänden verringert sich um ein Vielfaches. Leider kommt die Einstreu im Plastiksack – aber dafür gut gepresst und sehr lange verwendbar, bis Sie Neues kaufen müssen.

Heu/Stroh

Ein Bauer namens Heutom hat es sich zur Aufgabe gemacht, sein Heu und Stroh im Pappkarton an Sie zu verschicken, um das Müllproblem beim Kauf dieses notwendigen Zubehörs für viele Kleintiere anzugehen. Zudem ist das Produkt frisch, hochwertig, staubarm und es hält, je nachdem, wie viel Sie bestellen, mehrere Monate.

Wer diesem Tipp nicht folgen möchte, dem sei gesagt, dass Stroh im Stall die Geruchsbelastung bereits etwas bindet. Trotzdem ist es eine Überlegung wert, umzusteigen, da Einstreu oft auch unglaublich staubt, was den Näschen Ihrer Kleintiere auf Dauer schaden kann.

Futter

In manchen Tiergeschäften können Sie das Futter für Ihre Lieblinge selbst zusammenmixen. Hierfür bringen Sie einfach Ihr eigenes Gefäß mit, oder es stehen solche zur Verfügung.

Hauptsächlich für Hamster, aber auch für andere Kleinnager gut geeignet, empfehle ich die Seite rodipet. Diese Firma spezialisiert sich auf Biofutter ohne schädliche Zusatzstoffe, wie beispielsweise Zucker. Mit der Verpackung hapert es manchmal noch ein bisschen, aber die Versandverpackung ist aus Papier und das Hamsterfutter befindet sich in der Tetradose. Hamsterröhren, Häuschen und anderes Zubehör kommen oft ohne Plastikverpackung aus und bestehen selbstverständlich auch nicht aus diesem.

Vergessen Sie bei all dem aber nicht, dass die Natur vor Ihrer Tür vor allem im Frühling, Sommer und Herbst mehr kostenloses Futter hergibt, als Sie vielleicht denken. Kräuter für Ihre Tierchen können Sie beispielsweise selbst trocknen, Holzstückchen können Sie sammeln oder schneiden, Obstbaumblätter ebenfalls (und auch trocknen) und natürlich ist auch Frischfutter sammelbar.

Ihr Hobby

Nun, was Sie hobbymäßig pflegen, das wissen nur Sie selbst. Auch hier ist eine gute Selbstreflexion vonnöten. Viele Hobbys nehmen viel Plastik oder Plastikverpackung, Chemikalien wie Kleber oder anderes umweltschädigendes Material in Anspruch oder bestehen aus diesem.

Auf der anderen Seite geht es hier oft um Dinge, die Sie natürlich nicht gleich wieder wegwerfen werden oder gar nicht wegwerfen, sondern verkaufen oder verschenken. Ich denke hier zum Beispiel an die Landschaften von Modelleisenbahnen oder an kleine Sammelobjekte, die eines Tages eventuell sogar einen hohen Wert haben. Es gibt auch Menschen, die Puppen sammeln oder gar restaurieren, wie ich zum Beispiel. Puppen bestehen heutzutage in der Regel aus Vinyl oder Silikon, also aus Plastik. Aber auch Porzellan oder Resin ist möglich.

Ich selbst habe mir hier die Priorität gesetzt, neu angeschaffte Kleidung für die Puppen nur noch aus 100 Prozent Baumwolle zu kaufen oder zu verschenkende oder gebrauchte Kleidung hinzuzunehmen. Auch Spielzeug für die Puppen soll nur noch gebraucht oder aus Holz, Stoff und anderen umweltfreundlichen Materialien sein. Füllwatte aus Schafswolle für meine Projekte wäre denkbar.

Sie sehen also, hier liegt es an Ihnen, Ihre eigenen Prioritäten zu setzen. Bitte geben Sie nicht Ihr Herzenshobby auf, nur, weil es umweltschädliche Teilstücke aufweist. Denn das wäre unglaublich kontraproduktiv – und das Ziel ist es ja, dass Sie sich wohlfühlen.

Das war's

So, und nun hoffe ich, dass ich Ihnen Mut machen konnte, ohne Druck und großem Aufhebens die Welt ein bisschen bunter zu machen – äh, ich meinte natürlich grüner. Ich wünsche Ihnen viel Spaß dabei und vor allem reichlich Erfolgserlebnisse. Zudem bedanke ich mich, dass Sie mit dem Lesen bis zuletzt durchgehalten haben. Auf bald!

Herstellung und Verlag:

BoD – Books on Demand, Norderstedt

ISBN: 9783752685275

1. Auflage

Kontakt: Psiana eCom UG/ Berumer Str. 44/ 26844 Jemgum

Covergestaltung: Fenna Larsson

Coverfoto: depositphotos.com